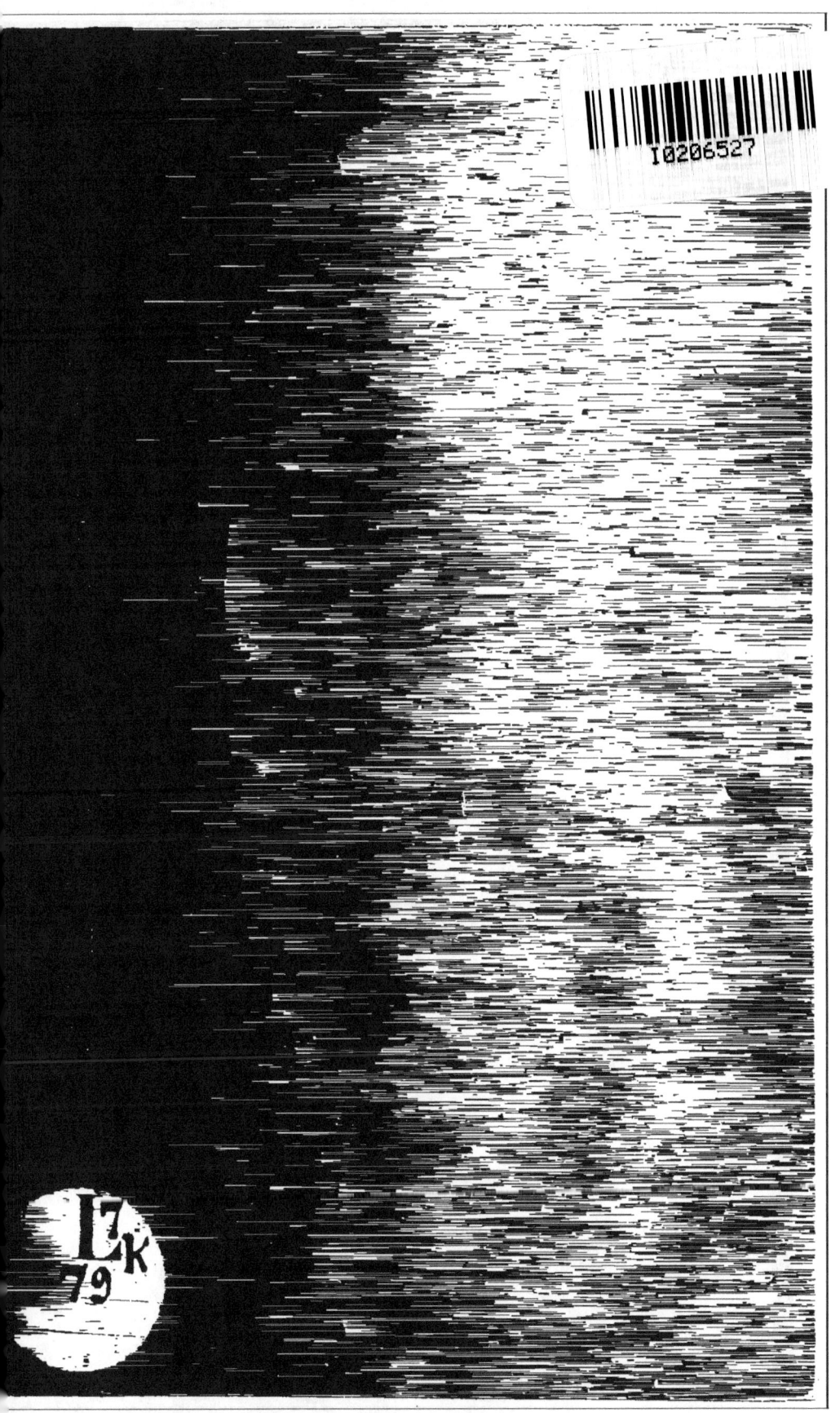

Lk 7/79

PRÉCIS HISTORIQUE

SUR L'ÉGLISE

DE

NOTRE-DAME DE LA SEDS,

De la ville d'Aix.

Par M. REY, Chanoine, Secrétaire de l'Archevêché d'Aix, ancien Vicaire général du Diocèse.

A AIX,
De l'Imprimerie d'Augustin Pontier.

1816.

VIRGO DOTES QUOT SIDERA CŒLO TOT TIBI SUNT

PRÉCIS HISTORIQUE

SUR L'EGLISE DE NOTRE-DAME

DE LA SEDS,

De la Ville d'Aix.

LA divine Providence qui dispose de tous les évènemens, et qui les fait toujours servir à ses fins, malgré toutes les combinaisons des hommes, ayant permis que l'Eglise de la ville d'Aix, connue communément sous le nom d'Eglise des Minimes, fût, après sa destruction, de nouveau réédifiée et rendue au Culte, semble nous faire connoître par là, combien cette Eglise doit être chère à notre Foi, puisque, malgré les révolutions et les guerres qui, plus d'une fois, l'ont ruinée durant le cours des siècles, on l'a toujours vue se relever de ses ruines, tantôt par la piété spontanée de nos pères qui s'empressoient, dans l'interruption des hostilités, de réparer un lieu qui leur rappelloit les faveurs singulières qu'ils y recevoient de la Mère de Dieu, tantôt en reveillant dans leur ame leur dévotion envers cette tendre Mère, dont ils se repentoient amérement, dans l'excès de l'épouvantable fléau de la peste qui les affligeoit, d'avoir négligé le Culte; tantôt enfin, de nos jours, par la piété constante de ces fidèles Epouses de J. C., dont la vie entière se passe auprès des divins Tabernacles.

Lorsque après la révolution la plus désastreuse, cette même Eglise, la première des Eglises de ce Diocèse, va de nouveau, par la translation des Dames Religieuses du Très-St. Sacrement, redevenir encore le Temple du Dieu vivant, et la demeure de la Statue miraculeuse de la Ste. Vierge, honorée dans cette Ville d'une manière particulière depuis tant de siècles, la piété n'apprendra pas sans doute avec indifférence, quelques détails sur cette Eglise vénérable.

Située dans la partie de la Ville qui portoit anciennement le nom de Bourg des Tours, *Villa Turrium*, elle fut bâtie en l'honneur de la Ste. Vierge, par les premiers Fidèles aussitôt qu'il leur fut permis d'avoir des Eglises, et devint le siège de la Cathédrale et de l'Evêque qui y avoit son habitation, et appellée pour cela, du nom de Notre-Dame de la Seds. *Ecclesia B. Mariæ de sede episcopali.*

Le Chapitre, ainsi que la Statue de la Ste. Vierge, étoient encore en cette Eglise au commencement du onzième siècle, ainsi qu'il conste par un acte de donation que fit en 1012 un particulier, par laquelle il déclare *donner* à l'Eglise de la Ste. Vierge de la Seds, *quæ est de sede episcopali*, et aux Chanoines qui la desservent.

Une autre donation approuvée par l'Archevêque Pierre I.er, et confirmée par Pons son successeur, faite à l'Eglise de Ste. Marie de la Seds, et aux Chanoines de ladite Eglise, nous fait connoître que le Chapitre y étoit encore en 1049, et ce ne fut que sous le pontificat de cet Archevêque Pons, c'est-à-dire, vers le milieu du onzième siècle, que le Chapitre quitta cette Eglise pour venir s'établir à Saint-Sauveur, à la suite des guerres et des dévastations auxquelles il étoit continuellement exposé par les incursions des barbares dans ces contrées.

Parmi les ravages affreux que causèrent dans la ville d'Aix ces barbares, le vrai fidèle ne manqua pas de compter la destruction de cette Eglise antique et vénérable. Avec elle s'éteignit peu à peu le culte que l'on y rendoit à la Ste. Vierge, et le refroidissement fut tel, qu'en 1521 on ignoroit où étoit le sol sur lequel se trouvoit anciennement cette Eglise.

Le Ciel fatigué des péchés qui désoloient la terre, appesantit son bras sur la ville d'Aix, et châtia nos pères en les affligeant de l'épouvantable fléau de la peste en 1521. Accablés sous la main terrible et miséricordieuse du Seigneur, nos pères encore pleins de foi, ne tardèrent pas à ouvrir les yeux, ils furent assez sages pour attribuer à la colère de Dieu le fléau destructeur qui les frappoit, et considérant alors que la plus ancienne dévotion de la Ville avoit été abandonnée, que la Maison de Dieu, sous le titre de Notre-Dame de la Seds étoit détruite, que depuis les guerres qui l'avoient ruinée on ne s'étoit plus mis en peine de la réédifier, que l'on ignoroit même alors où elle pouvoit avoir existé; considérant que la Statue de la Ste. Vierge qui y étoit honorée, et qui se trouvoit alors à Saint-Sauveur, étoit négligée, ils attribuèrent à un avertissement du Ciel les feux que l'on vit sur les ruines de ce saint Temple, ils firent vœu de le rétablir de nouveau pour y déposer l'Image de la Ste. Vierge, et ayant creusé la terre dans le lieu même d'où étoient sortis ces signes miraculeux, ils y trouvèrent une partie de cette Eglise, et s'empressèrent de la réédifier dans le même lieu ; ce qui étant exécuté au moyen d'une quête à laquelle chacun s'empressa de contribuer, l'on y reporta la Statue de la Ste. Vierge.

Ce fut depuis cette époque miséricordieuse du Dieu des justices, que l'Eglise de Notre-Dame de la Seds fut desservie par les soins du Chapitre qui y entretenoit des Prêtres, et ce service continua de se faire de cette manière jusques à l'année 1556, que le Chapitre voulant reconnoître le zèle du Père Simon Guichard, Provincial de l'Ordre des Minimes en la province d'Aquitaine, qui dans ses prédications durant l'Avent de 1555 qu'il prêcha à Saint-Sauveur, avoit réfuté de tout son pouvoir les erreurs alors suscitées contre la Religion chrétienne, et voulant aviser en même temps aux moyens de résister à la multitude de ceux qui prenoient le parti de l'erreur qui alloit tous les jours en croissant, fit, le 8 janvier de cette même année, aux Religieux Minimes, donation de l'Eglise de Notre-Dame de la Seds, avec ses droits et appartenances, pour y établir un couvent et y faire le service divin, à condition que le Chapitre seroit libre, si bon lui sembloit, de faire la procession par la Ville, le jour de la Visitation de Notre-Dame, qui est la fête de ladite Eglise, et d'y faire l'office à la Messe, ainsi qu'il le faisoit avant la donation.

En vertu de cet acte, les Minimes furent autorisés, le 22 mai 1556, par le Vicaire général de l'Archevêque, à en prendre possession, à y établir un couvent et à y célébrer l'Office, ainsi que le portoit l'acte qui leur donnoit ce local; et ce fut ensuite le 25 mai, jour de lundi, deuxième fête de la Pentecôte, qu'ils en furent mis en possession, à la suite d'une procession solemnelle que firent Messieurs de l'Eglise métropolitaine Saint-Sauveur, suivis d'une grande multitude de peuple. Avant la Messe qui fut célébrée par le Chapitre, le Père Guichard fit un sermon sur la réception de son Ordre en cette Ville, et remercia le Chapitre et les habitans. A la suite de la Messe, il fut procédé à leur prise de possession par le Chanoine André Stephani, à la réquisition des Prévôt, Chanoines et Chapitre de Saint-Sauveur.

L'Eglise de Notre-Dame de la Seds se trouvant depuis lors desservie par les Religieux Minimes qui y bâtirent un couvent, continua d'être l'objet de la vénération des Fidèles jusqu'à la funeste époque de la révolution, dont les fruits amers détruisirent tout ce qu'il y avoit de bon, d'utile et de saint. Ces Religieux furent chassés de leur sainte demeure comme ceux de toutes les communautés de la France, et il fut réservé à notre siècle de voir se renouveller de la part des Chrétiens, les horreurs que nos pères avoient eu la douleur de voir commettre par des peuples barbares. La plus grande partie de cette Eglise vénérable par son antiquité et par les souvenirs touchans qu'elle rappelloit, fut détruite par un motif purement mercantile, et l'on vit dans ces jours de douleur et de larmes, se vérifier à la lettre les paroles du Prophète Jérémie qui déplore dans sa prophétique douleur la dispersion des pierres du Sanctuaire sur toutes les places publiques.

Il entroit cependant dans les desseins de la Miséricorde divine, que la Statue de la Ste. Vierge fût conservée durant ces jours d'affliction. Elle fut en effet transportée dans l'Eglise métropolitaine de Saint-Sauveur.

Tel étoit l'état déplorable de cette

Eglise antique, lorsque les Religieuses du Très-Saint Sacrement, autorisées et établies en cette Ville par feu Monseigneur Jérôme-Marie Champion de Cicé, dernier Archevêque d'Aix, dans l'impossibilité de demeurer plus long-temps dans le local qu'elles ont occupé jusqu'à ce jour, vu son exiguité qui se faisoit sentir tous les jours davantage par le nombre toujours croissant des personnes que le Seigneur leur envoie pour faire profession dans leur monastère, pensèrent, au commencement de l'année mil huit cent quinze, à faire l'acquisition du local des Minimes, mais le prix qu'elles prévoyoient qu'on leur en demanderoit, les détermina presque aussitôt à jetter les yeux sur un autre local, celui des Récollets, qui étoit plus près de la Ville, et dont l'acquisition devoit être moins coûteuse. Le Seigneur toujours adorable dans ses desseins, même lorsqu'ils contrarient nos intérêts et nos vues, ayant permis que ce dernier local ne leur fût point adjugé, elles se virent obligées de revenir à leur première idée, et de songer à faire l'acquisition de l'ancien local de Notre-Dame de la Seds. La divine Providence voulut sans doute, en contrariant ainsi les desseins de ces fidèles Epouses de Jésus-Christ, se servir d'elles pour réédifier de nouveau la demeure de la Ste. Vierge, afin de réunir dans le même Temple le culte de la Mère de Dieu au culte de l'adoration perpétuelle du Très-Saint Sacrement : et qui sait si par cette contrariété aux desseins des hommes, il n'entroit pas aussi dans ceux du Dieu des vengeances, de rejetter désormais un local, autrefois sanctifié par la présence de l'adorable Eucharistie, que des Chrétiens n'avoient pas honte de convertir en un lieu de scandale par les danses qui y avoient lieu dans l'Eglise même.

Le local des Minimes fut donc acheté par les Religieuses du Très-Saint Sacrement vers la fin de l'année mil huit cent quinze, et ce qui les encouragea dans cette dépense, malgré le peu de moyens qu'elles avoient, fut la pensée pleine de foi, qu'elles alloient rendre à sa première destination, la plus ancienne Eglise du Diocèse, et y rétablir le culte de la Mère de Dieu. Aussi dès qu'elles eurent fait l'acquisition de ce local précieux, elles s'empressèrent à faire mettre la main à l'œuvre, afin de le disposer le plus promptement possible à leur translation. Toutes les réparations nécessaires ayant été terminées par les soins et le zèle actif et humble tout ensemble, du Prêtre respectable dont tous les momens sont employés à des œuvres saintes (1), les Religieuses du Saint Sacrement se sont

---

(1) M. Reynaud, Vicaire de l'Eglise métropolitaine Saint-Sauveur, chargé de la direction des Dames Religieuses Carmélites, ainsi que de celle des Dames du Saint Sacrement, Prêtre respectable qui joint à l'humilité la plus profonde et à l'aménité de caractère, un grand fonds de piété, de prudence et d'instruction.

adressées (1), d'après les règles établies, au Chapitre et aux Vicaires généraux Capitulaires, afin d'avoir leur agrément pour opérer ladite translation, et en même temps pour obtenir la faculté d'emporter avec elles dans son ancienne demeure la Statue miraculeuse de la Ste. Vierge qui étoit à Saint Sauveur, à côté de celle de Notre-Dame d'Espérance.

C'est autant pour condescendre à leurs pieux désirs, que pour rendre à la Mère de Dieu l'honneur et le culte dont le Chapitre d'Aix, a dans tous les temps, donné des marques publiques et solemnelles, que tous les Membres ont délibéré unanimement d'accéder aux vœux de ces Dames, en leur donnant la Statue de la Ste. Vierge pour la transporter dans son ancienne demeure, et ont fixé le 3 juin, jour de lundi, seconde fête de la Pentecôte, pour cette cérémonie, en arrêtant que ce jour-là, à dix heures

---

(1) Voyez leurs lettres à la fin.

du matin, le Chapitre partiroit de l'Eglise Saint-Sauveur, en procession, pour accompagner la Statue de la Ste. Vierge jusques dans l'Eglise de Notre-Dame de la Seds, où elle seroit reçue par les Religieuses du Saint Sacrement, et qu'ensuite une Messe solemnelle y seroit célébrée par le Chapitre, en actions de grâces de la restitution de ce local au culte du Dieu vivant et de la Ste. Vierge, et de sa prise de possession par ces Dames.

Messieurs les Vicaires généraux Capitulaires, ont aussi, de leur côté, secondé les pieux désirs de ces Dames, en leur accordant, le 22 mai, l'objet de leur demande.

Daigne, le Ciel, bénir chaque jour davantage une œuvre aussi sainte, et graver toujours plus dans le cœur des habitans de la ville d'Aix, l'amour de Jésus-Christ et de sa Sainte Mère. *Amen.*

Aix, 15 *Mai* 1816.

Les Religieuses du Monastère du Très-Saint Sacrement, établies en la ville d'Aix,

A Messieurs les Chanoines et Chapitre de l'Eglise métropolitaine d'Aix.

Messieurs et nos très-honorés Pères en J. C.,

L'exiguité du local que nous occupons en ce moment, nous ayant mis dans la nécessité de faire l'acquisition de l'ancien Couvent des Minimes, et tout étant disposé pour que notre translation puisse s'y faire la seconde fête de la Pentecôte, nous osons vous prier, Messieurs et très-honorés Pères en J. C., de vouloir bien concourir par votre présence à cette solemnité. La prière que nous avons l'honneur de vous faire est fondée sur

B

plus d'un motif que nous avons regardés comme trop importans pour ne point fixer notre attention. C'est de l'ancienne Eglise de Notre-Dame de la Seds, le premier siège de l'Eglise d'Aix, et votre première demeure que nous allons entrer en possession. Cette idée n'a pas peu contribué à exciter notre foi, en pensant que nous allions rendre à l'exercice du Culte, cette Eglise vénérable, la plus ancienne des Eglises du Diocèse, que le Chapitre de l'Eglise métropolitaine d'Aix ne cessa d'honorer de sa bienveillance, jusqu'au moment où des désastres communs bouleversèrent tout dans l'Eglise et dans l'Etat.

Nous nous proposons aussi, avec votre agrément, d'y transporter avec nous, dans son ancienne demeure, la Statue miraculeuse de la Ste. Vierge. Ça été la seule chose, bien précieuse sans doute, qu'il ait été possible de conserver de cette Eglise. En l'y transportant avec nous,

nous sommes bien sûres de nous y faire suivre de toutes sortes de grâces et de biens spirituels.

Cette translation qui doit avoir lieu le même jour, où, il y a près de trois siècles, les Religieux Minimes furent établis par vous dans le local que nous allons habiter, ne pouvant qu'exciter la piété et rappeler des souvenirs qui sont infiniment précieux, nous espérons de votre bonté paternelle, et de la protection que nous vous prions d'accorder à notre nouveau Monastère, que vous ne vous refuserez pas aux pressantes et très-humbles sollicitations que nous avons l'honneur de vous faire, en nous accordant la permission de transporter avec nous, dans sa demeure, la Statue miraculeuse de la Ste. Vierge, qui est actuellement dans l'Eglise métropolitaine St. Sauveur, et en honorant cette translation, de la présence, sinon de tout le Chapitre, si cela n'est pas possible à cause du concours des Offices, du moins, d'une partie des Membres qui le composent.

Nous sommes avec le plus profond respect,

Messieurs les Chanoines et Chapitre de l'Eglise métropolitaine d'Aix,

Vos très-humbles et très-soumises filles en J. C.

Les Religieuses du Monastère du Très-Saint Sacrement,

Sœur de S.ᵗ-AUGUSTIN REYMOND, Supérieure.

Sœur de S.ᵗ-XAVIER COSTE, Assistante.

Aix, 15 *Mai* 1816.

Les Religieuses du Monastère du Très-Saint Sacrement, établies en la ville d'Aix,

A Messieurs les Vicaires généraux Capitulaires du Diocèse d'Aix.

Messieurs et très-honorés Pères en J. C.,

Nous avons l'honneur de vous prévenir que le local des Minimes dont nous avons fait l'acquisition, vient enfin d'être mis en état de nous recevoir.

Il ne nous manque plus pour opérer cette translation, que l'autorisation que nous vous prions de nous accorder, en la fixant au 3 juin prochain, seconde fête de la Pentecôte. La fixation de cette époque nous sera d'autant plus agréable qu'elle concorde avec l'anniversaire de l'établissement des Minimes dans ce même local, il y a près de trois cents ans. Nous désirerions en même temps que vous voulussiez bien nous permettre, durant les jours de l'octave de notre translation, la Bénédiction du Très-Saint Sacrement, tous les soirs. Cet exercice de piété, en donnant à cette solemnité plus d'éclat, ne manqueroit pas d'exciter la vénération pour cette Eglise qui a été le premier siège de l'Eglise d'Aix, et qui est la plus ancienne du Diocèse.

Nous avons l'honneur d'être avec le plus profond respect,

Messieurs les Vicaires généraux,

Vos très-humbles et très-soumises filles en J. C.

Les Religieuses du Monastère du Très-Saint Sacrement.

Sœur de S.T-AUGUSTIN REYMOND, Supérieure.

Sœur de S.T - XAVIER COSTE, Assistante.

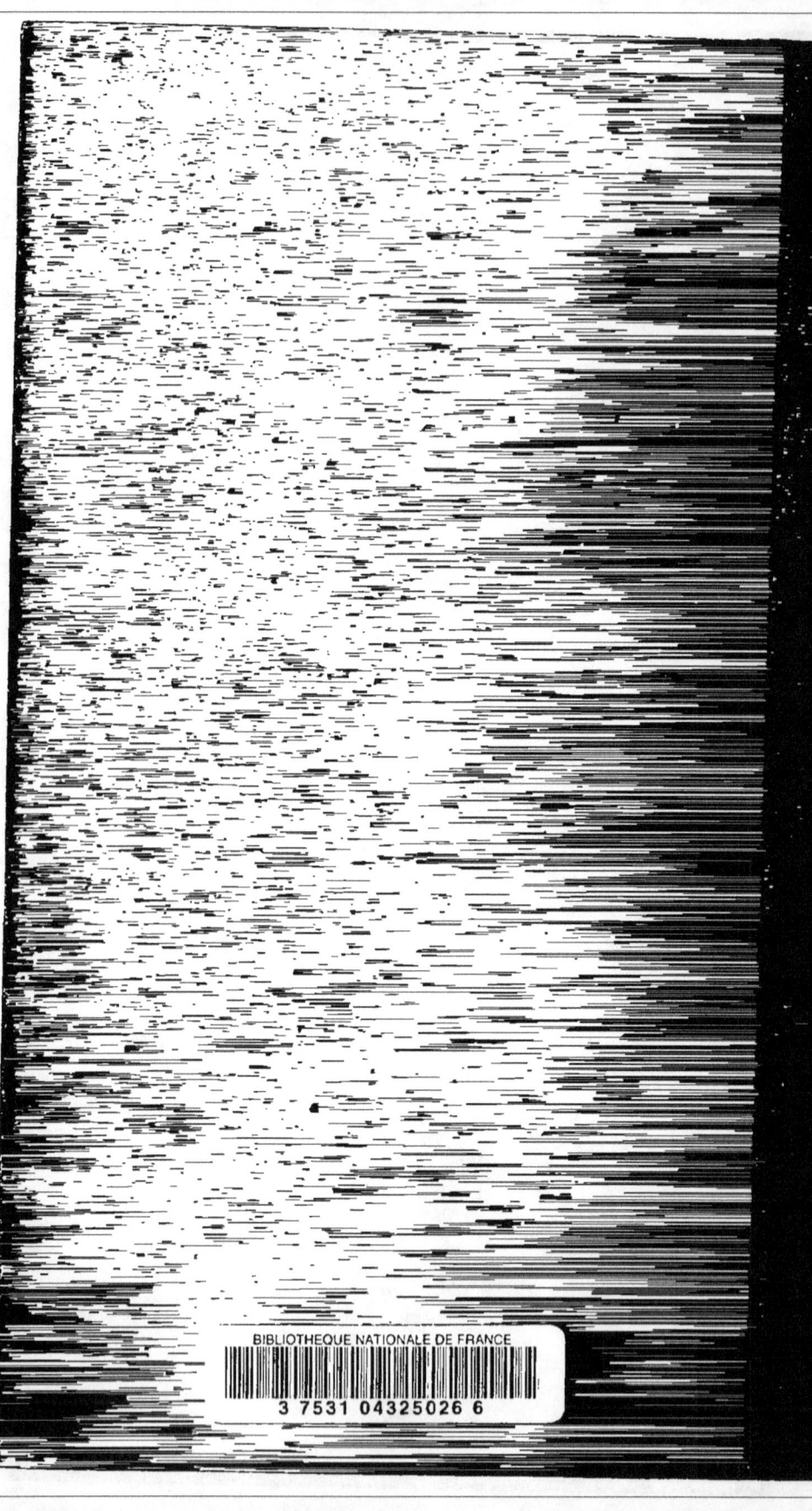

www.ingramcontent.com/pod-product-compliance
Lightning Source LLC
Chambersburg PA
CBHW060606050426
42451CB00011B/2116